LETTRE

SUR LE

COMMUNISME

ADRESSÉE A M. CABET

PAR

Horace Fournier de Virginie,

de la Société de Statistique universelle,

à Lyon.

Prix : 50 centimes.

PARIS.

LEDENTU, AU PALAIS-ROYAL ;

DOLIN, QUAI DES AUGUSTINS, N° 47.

LYON.

PROSPER NOURTIER, RUE DE LA PRÉFECTURE, N° 6.

AVIGNON.

AU BUREAU DE L'INDICATEUR.

1843.

A M. CABET,

PROPAGATEUR DU COMMUNISME.

Monsieur,

Dans le N° d'août de votre journal *le Populaire*, que le hasard a fait tomber sous mes yeux, je viens de lire (à propos de l'*Ode sur l'envie*, faible opuscule consacré par moi, cet hiver, comme consolation et comme léger secours aux ouvriers sans travail) un long et curieux article de votre façon, intitulé : *M. Cabet à M. Fournier de Virginie, à Lyon.*

Si c'est un gant que vous me jetez, je le ramasse : vous avez trouvé votre homme.

A vous en croire, Monsieur Cabet, *je suis, sans le savoir et sans m'en douter,* COMMUNISTE (c'est fort!)...comme vous-même... (c'est encore plus fort!). Evidemment vous êtes, par excellence, l'homme de l'utopie transcendante. N'importe, comme ce mot de *communiste,* sortant de votre bouche, est sans doute un éloge, je vous en remercie très humblement, mais ma modestie le repousse. Franchement, je ne me soucie pas du tout de me parer d'un vêtement qui n'est pas à ma taille; je ne puis consentir à vous laisser draper sur mes épaules l'excentrique manteau de votre école. Ce que j'ambitionne, ce que je désire, Monsieur Cabet, c'est avant tout la manifestation et le triomphe des principes et de la vérité, que vous ne respectez pas assez. Or, comme c'est en quelque sorte une dette d'honneur que vous m'avez fait contracter envers vos lecteurs, égarés d'habitude sur tant de choses, et aujourd'hui sur mon compte par ce malencontreux travestissement dont il vous a plu de m'affubler dans vos colonnes, je prends la plume afin de l'acquitter sans retard. Puis-je assez compter sur votre loyauté pour espérer qu'elle ne restera pas en souffrance dans les cartons du *Populaire ?*

Entrons en matière :

Comme tous ceux qui aiment à saturer leur âme de sublimes rêveries, vous avez nécessairement bu à la coupe de la république de Platon ; vous avez médité dans la *Civitas Solis* de Campanella ; vous avez poussé vos excursions vers l'*Oceana* de James Harrington ; mais c'est surtout à la source de l'*Utopie* que vous avez établi votre station favorite, et là, au lieu de vous y désaltérer agréablement, vous vous y êtes énivré ; que dis-je ? vous vous y êtes complètement immergé. Je vous vois d'ici, piquant une tête dans un abîme dont vous n'avez pas trop bien calculé la profondeur... Dieu vous garde de vous y noyer !

L'invention, Monsieur Cabet, de la fameuse utopie que les Anglais appellent, vous le savez de reste, le roman de leur chancelier Tom. More, ne vous appartenant pas, vous avez imaginé un voyage en Icarie pour donner un corps, des couleurs et la vie au rêve honnête et intéressant de votre auteur chéri. Ceci est tout-à-fait tolérable et licite. Fénélon, lui, faisant aussi un roman d'aventures et de voyages, nous a produit un chef-d'œuvre de style, de morale et de politique. Vous, Monsieur Cabet, qui vous posez chef d'école avec des fictions et des pensées d'emprunt, ne trouvez pas mauvais que nous examinions de près vos applications sociales, économiques et morales, et que nous mesurions sérieusement les prétendus effets régénérateurs qu'ils promettent à l'humanité.

Lorsque vous affichez si haut le louable désir de rechercher « le contre-poison *pour* tous les poisons qui rongent notre malheureuse société » (textuel), un peu d'aide doit vous être agréable. Or, avec moi, vous n'aurez pas besoin de me convertir pour me faire confesser l'existence du mal ; j'en suis convaincu et profondément touché, croyez-le bien. Mais le remède qu'il réclame est-il dans la réalisation de l'utopie de Tom. More ? Telle est la première question qu'il s'agit de résoudre. Si le remède n'est pas là, ne se rencontrerait-il pas dans une bonne organisation du travail combinée avec les institutions qui nous régissent ? Telle est la seconde et, selon moi, la plus importante question. Nous n'aborderons ici, avec vous, que la première.

Tout votre système, Monsieur Cabet, est soigneusement élaboré, développé, expliqué et prôné dans vos douze *Lettres d'un communiste à un réformiste.*

Je les ai lues attentivement avec le vif désir et l'ardent besoin de m'instruire : qu'y ai-je trouvé ? hélas ! rien, Monsieur Cabet, sinon le dépit du désappointement, suite d'une espérance encore déçue ; rien qu'une chimère ; rien enfin de ce que je cherchais. Mais, à défaut de choses réalisables, j'y ai reconnu le cachet d'un incontestable talent, dont vous pourriez faire une meilleure et plus utile application..... Vous êtes avocat, docteur en controverses, Monsieur Cabet, et nous savons depuis longtemps ce dont les avocats sont capables pour et contre toute espèce de cause.

Selon moi, permettez-moi de le dire : tout votre système économique porte à faux ;

De plus, il est illusoire ;

De plus, il est immoral.

Voilà mes trois propositions ; essayons de les prouver successivement :

§ Ier.

Tandis qu'à la lueur de votre lampe, l'esprit péniblement tendu vers ce monde perfectionné qui certes n'est pas encore celui où nous vivons, vous composiez votre fantastique voyage en Icarie, moi, Monsieur Cabet, je le réalisais de ma chétive personne ; et, tout ainsi que j'ai l'honneur de vous le dire, naguère encore, en 1833-34 je recevais l'hospitalité, je buvais l'eau, je respirais l'air, je foulais la terre de ce pays Icarien que vous avez eu la prétention de décrire, sans jamais l'entrevoir.

Ne riez pas, je vous prie, Monsieur Cabet, je vous parle fort sérieusement ; et quelque étrange que, de prime-abord, mon assertion vous paraisse, prêtez-lui l'attention qu'elle mérite, vous remarquerez bientôt que je suis dans la réalité.

Oui, Monsieur Cabet, il existe (et je vais vous l'indiquer le doigt sur la carte) une terre fort étendue, peuplée d'hommes robustes, actifs, intelligents, qui réunit à peu près toutes les conditions d'où vous faites découler comme nécessité absolue le principe salutaire de la moralité et de la prospérité de la famille humaine.

Là, Monsieur Cabet, point de division de propriété, ni de droits successifs attachés au sol : c'est la communauté dans sa plus grande simplicité, dans son originalité vierge, dans son allure naturelle et intacte.

Dans ce pays, les masses, fractionnées en innombrables petites compagnies, sociétés ou nations, sont affranchies de la royauté et de l'aristocratie nobiliaire et financière : elles jouissent au plus haut degré d'un régime où éclate la réalisation de ce que vous, Monsieur Cabet, vous appelez de tous vos vœux. Ici, pas l'ombre du catholicisme; mais la démocratie pure, la souveraineté populaire, l'égalité (sauf parfois l'abus individuel de la ruse et de la force), la fraternité, ou, si vous aimez mieux, une espèce de solidarité indispensable entre les sociétaires par suite de leurs guerres et de leurs vengeances, qui ne sont pas médiocrement implacables et atroces.

Parmi elles, aussi, se manifestent d'assez grands avantages que vous promettez à vos adeptes :

Celui de n'avoir pas besoin de bourse pour loger leur argent (signe vénal, père de toute corruption);

Le mariage sans nulle espèce de contrainte, qui se noue et se dénoue si facilement;

Puis l'agrément de n'avoir point de loyers ni de billets à payer! — point d'impôts, de procès ni de faillites à subir! — point de prisons, point de gendarmes, point de geôliers ni de galériens à entretenir!!! Sous ces divers points de vue ces nations paraîtraient privilégiées..... Malheureusement pour elles et la solidité de votre système, Monsieur Cabet, elles ne se composent que des plus *misérables êtres* qui soient éclairés par le soleil.

En effet, ce sont, puisqu'il faut vous les faire connaître sous leur dénomination vulgaire, ces pauvres Indiens peaux-rouges qui errent à l'aventure sans résidence fixe, sans arts et sans agriculture, dans les immenses savanes qui s'étendent du 30e au 60e degré de latitude occidentale vers l'Océan Pacifique de l'Amérique du nord.

Poursuivons maintenant, s'il vous plaît, Monsieur Cabet, les rapprochements positifs que l'on peut tirer des faits que j'ai soigneusement vérifiés chez nos Icariens peaux-rouges (faits d'ailleurs assez généralement connus), pour amener des conséquences plus lucides que toutes vos assertions systématiques.

Du connu que nous avons, nous pourrons peut-être atteindre à l'inconnu que vous cherchez.

Essayons. Si nous procédons synthétiquement, nous trouvons :

ÉTAT PRIMITIF AMÉRICAIN.	ÉTAT SOCIAL EUROPÉEN.
Communauté.	*Propriété héréditaire.*
Guerres incessantes, chasse et brigandage.	Droit des gens ; paix, culture.
Alternatives d'excès et de privations.	Abondance.
Insouciance.	Emulation.
Ignorance et abrutissement.	Arts et sciences.
Misère.	Richesses.
Faiblesse.	Puissance.
Division.	Centralisation.
Notable décroissance de population.	Augmentation sensible de population.
Anéantissement inévitable.	Prospérité ascendante.

La conséquence de votre système, Monsieur Cabet, si mes déductions comparatives sont justes, vraies et bien enchaînées, serait donc l'amoindrissement, la division, la ruine et l'anéantissement du pays qui l'adopterait.

En s'appuyant sur la communauté, cause première et selon moi racine fondamentale de l'insouciance, de l'inertie, de la misère, de la faiblesse et de la décadence effective des populations indigènes de l'Amérique du nord..., votre édifice repose évidemment sur une base vicieuse et chancelante, et dans toutes ses faces économiques il porte à faux.

§ II.

Vous osez, vous, Monsieur Cabet, invoquer le nom de Jésus - Christ et imprimer que vous marchez sur ses traces...... Amère et révoltante dérision! Vous n'êtes pas même chrétien !!!

Vous prêtez à notre divin législateur la responsabilité de vos combinaisons spoliatrices et perturbatrices, tandis qu'il vous répond, lui, par ces paroles toutes rayonnantes d'ordre et d'équité : « Rendez à César ce qui est à César, et à Dieu ce qui est à Dieu. »

Vous prétendez (et je devine vos raisons pour cela) qu'aucun peuple n'a adopté la communauté jusqu'à présent.

Moi, je vous ramène à nos Icariens primitifs.

Selon vous encore, Monsieur Cabet, avec le système communautaire, il n'y aurait plus de *paresseux*, d'*ivrognes* ni de *voleurs* sur la terre.

Voyagez donc en Icarie. Ouvrez enfin les yeux; mais fermez bien vos poches.

Selon vous, aucun système n'est supérieur au vôtre, Monsieur Cabet, pour être favorable aux arts et aux artistes.

En effet, voyez-vous Rossini, Canova, Horace Vernet, Talma, Taglioni, Rachel, Grisi, trempant délicieusement leurs doigts dans la gamelle communautaire ? Quelle noble et attrayante perspective ! quelle admirable source d'émulation ! ! !

Mais j'ai hâte d'arriver à votre résumé. Je n'ai pas comme vous, Monsieur Cabet, l'étoffe de douze lettres à employer pour relever une à une toutes vos rêveries économiques, qui me paraissent un peu plus creuses que profondes.

Que vois-je ?

Vous empruntez les charmes et la douce voix d'une jeune femme ; vous vous cachez modestement sous son voile.... Silence !

Voici la communauté incarnée qui va rendre ses oracles.

Peuples de l'univers, écoutez : (page 164.)

« La communauté : — Je vous apporte la réalisation de « tous vos vœux : de la démocratie, de la souveraineté po- « pulaire, de la liberté, de l'égalité, de la fraternité, de l'as- « sociation, de l'unité.... (Quelle précision lucide !)

« Le peuple : — Bravo, bravo !

« La communauté : — C'est aussi la réalisation des prin-
« cipes du christianisme (illusion !) qui proclame non-seu-
« lement la liberté, l'égalité, la fraternité, mais encore et
« *formellement* la communauté comme *seul* moyen de
« vivre en frères... (Erreur !)

« Le peuple : — Bravo, bravo !

« La communauté : — J'assure du travail, un travail fa-
« cile et modéré, l'aisance et l'abondance en travaillant
« (que fera-t-on des paresseux ?); le mariage *sans aucune*
« *espèce de contrainte* (comme chez les Peaux-Rouges) ;
« la famille sans aucune espèce d'inconvénients pour la
« société ; l'éducation pour TOUS, et l'éducation *la plus*
« *parfaite* (ô Fontanarose !).

« Le peuple : — Bravo, bravo !

« La communauté : — Je ne sépare jamais la fraternité de
« l'égalité ; vous travaillerez en frères, et vous partagerez
« en frères... (un seul et même brouet).

« Le peuple : — Bravo, bravo !

« La communauté : — Vous travaillerez tous également
« suivant vos goûts (ô séduisant Fontanarose!) dans d'im-
« menses ateliers communs (nouveau système d'agricul-
« ture); mais je n'épargnerai rien pour vous rendre le tra-
« vail facile et agréable. Vous inventerez (elle est adroite!)
« des milliers de *machines* pour les faire travailler en votre
« place; et ces machines, travaillant pour tous, ne vous
« *nuiront* jamais (innocentes machines !).

« Le peuple : — Bravo, bravo !

« La communauté : — Toutes les propriétés ne feront
« qu'une immense propriété commune (tout comme chez
« les Peaux-Rouges) ; toute l'industrie ne fera aussi qu'une
« industrie (énigme impénétrable !); nous mettrons *l'ordre*
« partout (ô Fontanarose!); nous consulterons toujours la

« *raison*, notre intelligence à tous ; nous éviterons toutes
« les *pertes* (ô Fontanarose !) ; nous ferons d'énormes
« *économies* ; nous augmenterons prodigieusement la pro-
« duction au profit de tous, et nous assurerons le bonheur
« de chacun (ô Fontanarose !), sans dépouiller ni oppri-
« mer personne.

   « LE PEUPLE : — Bravo, bravo !

   « LA COMMUNAUTÉ : — Je fais produire à l'agriculture et à
« l'industrie tous les objets nécessaires à votre nourriture,
« à votre vêtement, à votre logement, etc. ; je les reçois
« dans d'immenses magasins, et je vous les fais distribuer
« à tous également en proportion de vos besoins... Ainsi,
« plus de soucis ni d'inquiétudes (ô Fontanarose !), plus
« de loyers ni de billets à payer, plus d'impôts ni de
« procès, plus de faillites qui ruinent... plus d'incendies....
« (ô sublime Fontanarose !). Je résous ou préviens les
« questions de salaire *et toutes les autres difficultés* (in-
« comparable Fontanarose !)... et je coupe la racine *à*
« *tous les vices et à tous les crimes*.... (ô divin Fontana-
« rose !)

   « LE PEUPLE : — Bravo, bravo !!! »

De telles promesses, Monsieur Cabet, sont fort brillantes ;
mais, entre nous, qui peut s'y laisser prendre ? quel est le
niais assez obtus pour avaler et digérer cette énorme pyra-
mide de transformations sociales, physiquement, morale-
ment et radicalement impossibles ? le tout couronné, résumé, condensé dans la *coupure* de cette *fameuse racine*
à laquelle sont attachés les vices et les crimes de notre
misérable humanité !

On ne réfute pas de telles prétentions, Monsieur Cabet,
on en rit, on hausse un peu les épaules, et l'on est fort
poli en écrivant au-dessous le mot *illusions !!!*

§ III.

Un dernier mot, Monsieur Cabet. L'épithète de *pieux* que vous accolez ironiquement à mon nom, me flatte et m'honore; surtout, échappant à un homme qui ne la recevrait peut-être, lui, que comme une injure... Oui, mon bon Monsieur Cabet, dût mon aveu m'exposer à vos sarcasmes les plus amers, je suis l'un de ces *simples obstinés* qui vénèrent et défendent l'antique, lumineuse et salutaire bannière que vous essayez de flétrir sous le nom de CATHOLICISME. Soldat obscur mais fidèle, je marche avec confiance (bien loin, sans doute, et sans les perdre de vue) à la suite des grands capitaines Châteaubriand, Silvio-Pellico, Roselly de Lorgues, et tant d'autres beaux et bons génies. Voilà mes héros, voilà mes guides! Ce n'est donc pas à l'école des ignorants, des imbéciles, des hypocrites, des intrigants, des imposteurs, comme vous cherchez à l'insinuer, que j'ai puisé l'opinion que l'on doit avoir de vos doctrines et de vos œuvres.

Cette opinion, Monsieur Cabet, c'est le cri de ma conscience; or, voici dans quelles circonstances elle s'est formulée contre vous... Ecoutez bien :

C'était l'hiver dernier; le temps était affreux, la bise s'engouffrait avec fureur à travers les quelques mauvais carreaux de papier huilé qui garnissaient assez mal l'humble fenêtre d'un pauvre galetas où reposait le seul métier, l'unique ressource d'un ouvrier sans travail. La famille de ce malheureux, composée d'une vieille mère, de son épouse et de ses trois chers petits, était là, sans feu, accroupie et grelottant, et, tandis que les deux femmes essayaient à la chaleur humide de leur haleine de réchauffer les doigts engourdis de leurs enfants, le père faisait une lecture; il tenait à la main un petit imprimé fort sale, c'était l’une de vos lettres, Monsieur Cabet. Ma visite inattendue fut d’abord assez mal accueillie (l’ouvrier qui souffre n’aime point à étaler sa pauvreté, la solitude lui sourit; il fuit les regards de ceux que, dans son ignorance des plus grandes misères de la vie, il appelle *les heureux*, c’est-à-dire tout ce qui est repu et vêtu). Cependant je ne tardai pas à dissiper le sombre nuage qui attristait toutes ces physionomies... Mes paroles et un petit présent offert à la vieille mère me concilièrent leur bienveillance; alors et tout-à-coup passant d’une taciturnité farouche à une exaltation expansive, l’ouvrier exclama ces singulières paroles : « Monsieur, « croyez-vous en Dieu ? — Oh ! mon ami, lui répondis-je « avec émotion, pouvez-vous en douter ?—Quoi ! fit-il sur « le même ton, vous auriez l’espérance du paradis et la « crainte de l’enfer ?— Oui certainement, j’y crois comme « à l’immortalité de mon âme. — Allons, mon cher Mon- « sieur, reprit-il en adoucissant sa voix, vous voulez m’a- « buser ; mais croyez-le bien, cela n’est pas aisé : les ou- « vriers y voient clair *aujourd’hui* ; on les trompe diffici- « lement. Oui, Monsieur, oui, les ouvriers sont sacrifiés « sans pitié à l’ambition du gouvernement et des riches; « on nous prend tout... Voyez plutôt, nous n’avons rien « sur la terre, et l’on nous vole jusqu’à notre paradis. Oui, « Monsieur, il n’y a plus de paradis pour les pauvres ou- « vriers ! N’est-ce pas révoltant, affreux, épouvantable ? « Plus de paradis... plus d’enfer !!! Gredin de sort ! Allez, « Monsieur, cela n’est que trop certain, *les prêtres du sys-* « *tème catholique n’y croient pas non plus !* C’est clair ça, « c’est vrai, c’est imprimé, c’est signé... Cabet ! » Disant cela, une grosse larme roulait dans ses yeux, et de sa main tremblante il frappait victorieusement sur le dégoûtant petit papier. Je m’empressai de le lui demander; je le reçus, je l’ouvris, et je restai stupéfait en lisant ce qui suit :

(Lettre 12, page 153.)

SYSTÈME CATHOLIQUE.

« LE PRÊTRE : — Mes chers frères, je ferai votre salut et
« votre bonheur.... en l'autre vie.....

« LE PEUPLE : — Est-ce que par hasard vous voulez en-
« core faire de cette terre une *vallée de larmes*, où nous
« n'avons qu'à souffrir *avec résignation*, et sans chercher
« à améliorer notre sort? Puisque nous sommes dans cette
« vie, c'est notre bonheur ici qu'il faut faire....

« LE PRÊTRE : — Je le ferai.....

« LE PEUPLE : — Mais pourquoi ne l'avez-vous pas fait
« depuis 1800 ans ? qui vous a empêché de le faire ?
« n'avez-vous pas eu assez de temps pour faire vos essais
« et vos épreuves ? *Est-ce avec l'inquisition et les bûchers*
« *que vous prétendez nous rendre heureux ?*......

« LE PRÊTRE : — L'alliance de l'autel et du trône......

« LE PEUPLE : — Oui ! Cette alliance a rendu nos
« pères bien heureux ! Et comment préviendrez-vous la ty-
« rannie et l'oppression, les vices et les crimes ?......

« LE PRÊTRE : — L'espérance du paradis, la crainte de
« l'enfer......

« LE PEUPLE : — VOUS N'Y CROYEZ PAS VOUS-MÊME !

. . . .
. . . .

« LE PRÊTRE : — Je ferai votre bonheur, mais je ne puis
« vous donner la communauté.

« LE PEUPLE : — . . . . Passez votre chemin. »

Franchement, Monsieur Cabet, tout ceci me paraît un
chef-d'œuvre de haute inconvenance et de profonde immo-
ralité.

D'abord vous osez ravaler le culte catholique reconnu par l'Etat, et professé de temps immémorial par la presque généralité des Français et l'immense majorité des chrétiens de l'univers, aux maigres proportions d'un pauvre système, qu'il vous plaît encore de ridiculiser, en l'amalgamant avec je ne sais quoi de fort incohérent que vous appelez système Carliste, Napoléonien, Réformiste, Républicain, Démocratique, Lamennais, Pierre Leroux, Buchez, Saint-Simonien, Fouriériste, Communautaire, Juste-milieu, que sais-je ? Est-ce là, dites-le-moi, toute la mesure de l'étendue d'une intelligence bien saine, et d'une bonne foi bien scrupuleuse ?

Puis, pour mieux assassiner vos adversaires, vous forgez et vous placez impitoyablement dans leur bouche un langage tronqué d'une platitude qui dépasse toutes les limites de la plus grande ineptie.

Est-ce là de la franchise, de la justice et de la loyauté ?

Enfin, vous sapez à plaisir, vous renversez et vous foulez aux pieds de saintes et utiles vérités que vous avez le malheur de ne pas entrevoir en ce moment, mais qui n'en existent pas moins pour la satisfaction, l'ordre, la paix et le salut de la société.

N'est-ce pas là un véritable attentat contre la conscience de tous vos concitoyens, quelle que soit leur religion ?

N'est-il pas atroce et criminel à vous, Monsieur Cabet, si vous ne croyez pas (ce qui, je vous le répète, est une honteuse infirmité qui vous est toute personnelle), de ravir à de pauvres malheureux, incapables de résister à vos sophismes, le seul trésor à leur usage, — la joie, la félicité la plus pure de la vie du juste....., —l'espérance !

L'attrait du salaire mérité après l'accomplissement d'une tâche rigoureuse, difficile et pénible ! !

La perspective imposante et terrible d'un Dieu rémunérateur et vengeur ! ! !

Ne vous étonnez donc plus, Monsieur Cabet, si, profondément préoccupé du mal que faisaient vos dangereux écrits, je vous ai qualifié ainsi que je l'ai fait dans l'opuscule qui a éveillé votre attention.

Au reste, si cela peut vous convenir, Monsieur Cabet, vous me voyez tout prêt à me dédire, et à effacer de bon cœur les épithètes de *Député de Babel* et de *faux Prophète*, qui me sont échappées, et qui ne vous caractérisent que trop bien en ce moment, si vous consentez, ce qui vous placerait haut, soyez-en sûr, dans l'opinion des honnêtes gens de toutes les opinions :

1° A publier un *errata* touchant la sacrilége bévue que vous prêtez calomnieusement aux prêtres du culte catholique....;

2° A concourir (et vous le pouvez parfaitement, j'en suis certain, avec les ressources de votre remarquable talent) à la solution du grand problème qui pèse sur tous les esprits comme un besoin à satisfaire : je veux parler de l'organisation du travail sur des bases constitutionnelles.

Alors, mais seulement alors, Monsieur Cabet, je pourrais m'intituler bien sincèrement votre serviteur.

H. FOURNIER DE VIRGINIE.

Maison de Beauregard. Lyon, 1er Septembre 1843.

Lyon.—Imprimerie de Louis Perrin, rue d'Amboise, 6.